IMPRIMERIE, LIBRAIRIE,

CORRESPONDANCES, NOUVEAUTÉS, CATALOGUE, PARIS.

Au bureau du CERCLE SOCIAL, *rue du Théâtre-François, n°. 4,*

Les directeurs de l'Imprimerie du CERCLE SOCIAL, ayant toujours uni à l'intérêt national leurs intérêts particuliers, ont heureusement, chaque jour, de nouvelles raisons de se convaincre que, chez un peuple libre, la prospérité individuelle est essentiellement liée à la nécessité de servir les intérêts du plus grand nombre, et que la prospérité nationale ouvre, au courage et à l'activité de tout citoyen laborieux et loyal, des ressources plus vastes, à mesure que la liberté est plus entière, que les propriétés sont mieux garanties, et que l'égalité sociale est plus respectée.

Imprimerie et Librairie.

Un décret du mois d'août 1791, offre de nouveaux moyens aux directeurs de l'imprimerie du Cercle Social d'augmenter considérablement l'activité de leur commerce, et de répandre la lumière; l'abolition des priviléges exclusifs pour la franchise des postes, donnant un droit égal à tous, c'est aujourd'hui les Négocians en librairie, dont les relations de confiance sont les plus étendues, qui peuvent répondre le plus exactement à toutes les demandes, fournir les éditions choisies, épuisées ou rares, et sur-tout procurer aux ouvrages dont ils sont chargés, une grande circulation : qui leur permet encore d'exécuter, à un prix très-modique, toutes sortes d'impressions.

P. S. Les caractères de l'imprimerie du Cercle Social sont de Baskerwille, de waflard et de Mignonait, et l'on distinguera toujours les ouvrages sortis de leurs presses, des contrefaçons auxquelles le brigandage typographique les expose, au moyen du sceau de leur maison, apposé sur le frontispice

A

de leurs éditions , ce qui garantira les bons citoyens de ces autres éditions subreptices , où le sens de l'ouvrage n'est pas seulement respecté.

Correspondances.

La maison de commerce des directeurs de l'imprimerie du Cercle Social , d'après son institution , la confédération universelle des Amis de la Vérité , qui a causé un grand ébranlement , qui se prolonge toujours , et qui, bientôt , sans doute , commencera un pacte fédératif entre les nations , est visiblement établie sur des bases plus larges que la librairie ordinaire.

Elle se charge de tous les bons manuscrits , dont elle espère enfin tirer de grandes ressources pour la plupart des écrivains , jusqu'ici toujours trompés , trahis , et insultés dans leur indigence , par des misérables *livriers* qu'ils avoient comblés de richesses.

Elle offre de procurer tous les livres , anciens et modernes , et de toutes les langues , Latins , Grecs , Russes , Portugais , Polonois , Hollandois , Italiens , Anglois , Allemands , Espagnols , etc. etc. , ce qui leur deviendra toujours plus facile par leurs correspondances soutenues avec les principaux libraires et les écrivains célèbres de toutes les nations.

P. S. Il suffit de leur adresser , *franc de port* , le prix de l'ouvrage qu'on leur demande , en y ajoutant les frais de poste pour l'envoi de ce même ouvrage.

Les demandes sont exécutées le lendemain de la réception de la lettre d'avis.

Les personnes *en relation* avec les directeurs de l'imprimerie du Cercle Social sont dispensées de l'envoi préliminaire de l'argent ; et cette condition même cesse bientôt pour ceux qui commencent des relations avec eux , et demandent un compte ouvert , soit pour faciliter leurs payemens *en masse* , ou parce qu'ils ignorent souvent le prix fixe des ouvrages qu'ils demandent , et le surplus qu'exige un envoi par la poste.

Bibliographie.

Quand nos législateurs, s'occupant enfin d'une éducation vraiment nationale, et de répandre au dedans et au dehors, dans les classes peu fortunées, les principes du bonheur social et de la prospérité publique, s'efforceront de favoriser la circulation des lumières, avec autant de zèle que les despotes y mettoient d'entraves, et qu'ils auront senti la nécessité d'affranchir des fraix de poste, toutes correspondances *imprimées*, il est sans doute que la librairie deviendra le commerce principal et naturel de la capitale ; nous y contribuerons avec constance, en multipliant, par notre zèle et des catalogues *raisonnés*, nos correspondances, toujours actives, pour l'avantage des auteurs, pour mériter la confiance des bons citoyens, et pour l'aggrandissement de notre commerce.

Nouveautés et fonds de librairie.

Les directeurs de l'imprimerie du Cercle Social viennent de mettre en vente :

La vie de Guillaume Penn, fondateur de la Pensylvanie, premier législateur connu des États-Unis de l'Amérique, ouvrage contenant l'historique des premiers fondemens de Philadelphie, des loix et de la *constitution* des États-Unis, des principes et actions de la *Société des Amis*, vulgairement connus sous le nom de *Quakers*, par J. Marcillac, D. M., député extraordinaire des Amis de France à l'assemblée nationale. 2 volumes *in*-8°. prix, 7 liv.

P. S. On lit avec intérêt cet ouvrage, parce que le système général des Quakers, la fraternité universelle des peuples, commence à prévaloir contre les haines exclusives et nationales que les usurpateurs du pouvoir entretenoient pour retarder le réveil des nations. — La vie de Guillaume Penn est terminée par l'acte constitutionnel des États-Unis de l'Amérique.

La goutte radicalement guérie, par le même, 1 volume, *in* 12. 1 livre 10 sous.

P. S. L'auteur a éprouvé sur lui-même les bons effets de sa méthode, avant de la publier. De perclus qu'il étoit, ce courageux Quaker s'est rendu tellement ingambe, qu'il suffit seul aux nombreuses consultations que ses talens lui attirent. On ne peut lui dire comme à tant d'autres systématistes : *médecin, guéris toi, toi-même.*

Dissertation physique de P. Camper, sur les différences réelles que présentent les traits du visage, chez les hommes de différens âges : sur le beau qui caractérise les statues antiques, et les pierres gravées : suivie de la proposition d'une nouvelle méthode pour dessiner toutes sortes de têtes humaines, avec la plus grande sûreté, traduit du Hollandois, par D. B. Quatremere Disjonval, 1 vol. *in-4°*, avec figures.   10 liv.

P. S. Camper est un de nos plus célèbres anatomistes modernes ; il avoit sur ses rivaux un avantage bien précieux, celui de dessiner dans une grande perfection. Son travail sur les têtes antiques, comparées aux têtes modernes de l'Europe, offre des recherches lumineuses, également utiles aux physiciens, aux grands artistes et aux philosophes. — Cette traduction a été faite sous les yeux du fils de Camper, en Hollande, ce qui la rend plus authentique, et mieux soignée qu'une autre édition faite à Paris.

Observations de physique et de médecine, faites pendant un voyage en Espagne, par N. Thierry, D. M., deux volumes *in-8°.,* superbe édition,   7 liv.

P. S. Dans ce *nouveau voyage en Espagne,* N. Thierry donne des détails précieux sur le climat de l'Espagne, et sur les maladies qu'il occasionne : il y parle sur-tout en véritable observateur d'une espèce de colique qu'il croit dépendante de la situation physique de Madrid. C'est un bel ouvrage pour la médecine.

Polyglotte, ou traduction de la constitution françoise, dans les langues les plus usitées de l'Europe, grand *in-8°..* prix, chaque langue,   1 liv.

P. S. Cet ouvrage est particulièrement destiné à l'éducation, où l'on sentira sans doute aujourd'hui l'indispensable nécessité de l'étude des langues vivantes, si utile pour les voyages, pour les rélations commerciales, et pour amener insensiblement les nations à rougir de leurs haines antisociales, aussi funestes à leur empire, qu'au bonheur de leurs voisins. Un grand mérite de ces traductions est une extrème sévérité, de sorte qu'aidé par le sens d'un texte original qu'on sait par cœur, et dont la nature est de représenter, presque à chaque ligne, les mêmes mots sous d'autres formes, un enfant aura plutôt *deviné* trois ou quatre langues modernes, qu'il n'auroit appris à faire un premier thême de collége. Ajoutez à cela qu'il est facile de graver la constitution *dans le cœur* des hommes, en la leur faisant traduire dès leur enfance, de manière à ne les fatiguer nullement, et à les intéresser beaucoup au contraire, en les accoutumant à se faire un jeu et un besoin de comparer les idées, et le vrai sens *des mots*, éducation toute nouvelle, toute réjouissante, qui, du jour même où elle sera adoptée universellement, ne laissera plus de prise aux *prétextes* de la tyrannie ! qui s'avance et se cache toujours sous l'obscurité des mots !

The Almanach of Goodman Gerard, translated by J. Oswald. 15 sols.

P. S. La librairie est encore dans l'enfance. Heureusement que l'assemblée nationale renferme dans son sein quelques hommes qui sentent ce qu'elle peut produire à la France de richesses. Cette traduction de l'almanach du père Gerard, par John Oswald, jeune écrivain d'un grand talent, a été imprimée à l'imprimerie du Cercle Social, pour être envoyée en Angleterre; nous en avons gardé quelques exemplaires : nous espérons voir encourager par les instituteurs et les pères de famille, ces sortes d'entreprises; quand les François feront entrer dans leur éducation nationale, une étude de leurs bons ouvrages, traduits et imprimés chez eux, dans toutes les langues, nos principes et nos loix, et tout ce qui peut nous lier de confiance, d'intérêt et d'amitié avec nos voisins, ira se glisser insensiblement, à travers les bayonnettes et les censeurs, dans toutes leurs bibliothèques ; ainsi tant que nos voisins seront esclaves, pour prix de notre zèle à les instruire, nous ferions leur meilleur commerce en librairie, et après nous le ferions encore, parce que nous l'aurions fait une fois et qu'ils auroient en nous beaucoup de confiance.

Essai sur une éducation nationale, par **N. Maubach**, nouvelle édition,   12 sous.

P. S. **N.** Maubach, dans son essai plein de verve et de prévoyance, écrit par-tout avec cette vérité de style qu'inspire le sentiment, et que le rhéteur n'imita jamais.

De la Tragédie Grecque et sur le nom qu'on devroit lui donner dans notre langue, pour s'en faire une juste idée. Par A. AUGER.   1 liv.

P. S. L'auteur s'attache à faire connoître les spectacles anciens ; et ses connoissances profondes de l'antiquité, le mettent à même de nous en donner une juste idée, sans la charger de cette érudition dégoûtante des antiquaires. A une époque où la liberté rend au génie toute sa force, aux passions tous leurs développemens, cet ouvrage d'Athanase Auger dirigera les bons esprits vers le vrai beau, dont nos coups de théâtre, à la mode, s'éloignent beaucoup.

Le ci-devant noble. Par L. MERCIER, *in-8°*. 1 liv. 5 sols.

C'est une pièce à l'ordre du jour ; le dénouement rappelle la nuit du 4 août !

Lettre de **J. A.** CREUZÉ LA TOUCHE aux habitans des campagnes. 3me. édition, corrigée et augmentée. 12 sous.

P. S. L'excellent citoyen, auteur de cette lettre, aujourd'hui l'un des 4 Grands Juges de la Haute Cour Nationale, étoit membre de l'assemblée constituante. Son ouvrage, destiné à prémunir les citoyens agricoles contre les suggestions des prêtres hypocrites, fanatiques, séditieux, a été vivement accueilli par la société des amis de la constitution. La troisième édition est presque entièrement épuisée. Nous extrairons ici, pour l'édification des croyans, deux articles d'un tarif qu'il rapporte, et qui a été imprimé à Rome, dans le dernier siècle — *siècle passé qui ne reviendra plus !*

Pour celui qui couche avec sa mère, sa sœur ou sa marraine . . . . 4 liv. 10 sous.
Pour se marier dans le tems où l'église le défend. 48 l.

Le Siècle de Louis XVI. Par J. J. Regnault. 1 vol. in-8°. Prix ,   3 livres.

Cet ouvrage, écrit avec toute la chaleur de la jeunesse, donne les plus grandes espérances de son auteur. On n'écrit pas avec cet abandon, sans avoir l'ame honnête ; condition essentielle d'un véritable talent. L'auteur annonce qu'il donnera 4 volumes, dans l'année, de cet ouvrage, au prix de 9 liv. pour ceux qui ont souscrit en recevant le premier vol.

Du régime colonial, suivi d'un essai sur *l'amélioration du sort des esclaves*. Par Milscent, créole. *in-8°*.   15 sous.

P. S. Ces deux écrits si importans dans ce moment, où l'assemblée nationale va s'occuper des colonies, sont remplis de faits intéressans, de réflexions sages ; le dernier écrit, surtout, est digne des bénédictions universelles. Milscent, ancien commandant-général des gardes-nationales du Cap, ayant des habitations considérables dans les Colonies, a mérité, par son courage et nombre d'actions d'éclat, d'être appellé, par les nègres qui le chérissent, *le dieu des bons nègres*, *l'exterminateur des méchans !*

Du feu, par L. Reynier, 1 vol. *in-8°*.   3 liv.

P. S. Ce n'est point ici le système des écoles *à la mode* : ce ne sont point des routes battues. L'auteur marche appuyé des faits et des loix de la nature, luttant contre les charlatans de la science qui *enseignent* sur parole. Il a cru que le feu étoit du feu, crime énorme aux yeux des Pneumatistes ; il va jusqu'à soupçonner que l'attraction n'est pas irrévocablement démontrée. C'est aux hommes instruits, qui savent douter avant l'examen, de péser ses preuves et ses calculs.

Ce qui a été examiné, a souvent besoin de l'être encore ; c'est une grande cause ! et tout le monde connoît l'histoire de la dent d'or.

Icones plantarum Syriæ rariorum. auth. La Billardiere, in-4°. fig. æn. ill. decas I. et II. prix, 7 liv. 4 s. chaque décade.

Cet ouvrage, dont l'édition est presque épuisée, quoique de l'année précédente, a fixé l'attention des naturalistes. L'auteur est parti sur l'escadre de M. Dentrecasteaux ; à son retour il nous donnera de nouveaux ouvrages, non moins importans sur une science à laquelle il consacre sa vie.

Profession de foi d'un bon François. 1 vol. *in-8º*. 1 l. 10 s.

P. S. Cet ouvrage peu connu, à cause *des censeurs* de l'ancien régime, est d'un élève de Turgot. Il contient plusieurs développemens utiles sur les opinions des économistes en matière de finances et d'administration. Turgot, l'un des précurseurs de notre révolution, finira par s'élever triomphant sur les ruines des hommes de cour, qui avoient la *bonhomie* de penser qu'il étoit au pouvoir des tyrans, d'anéantir la vérité avec ses défenseurs.

La Vie du Capitaine Thurot. 1 volume *in-8º*. 1 l. 10 s.

P. S. Thurot fut un officier de fortune ; il dut toute sa gloire à ses talens : c'étoit jadis un crime qu'on ne pardonnoit point, puisque l'assemblée constituante a trouvé sa fille dans un abandon extrême ; et que son frère, aujourd'hui dans l'indigence, n'a pu arriver à rien. L'auteur anonyme de cet ouvrage en a destiné les bénéfices à ce vieillard : que de motifs pour encourager la vente d'un ouvrage écrit avec intérêt !

Ouvrages de J. P. BRISSOT, *membre de l'assemblée nationale.*
Théorie des loix criminelles ; 2 vol. *in-8º*......... 7 l.
Bibliothèque des loix criminelles, 10 vol. *in-8º*. 30 liv.
De la Vérité, vol. *in 8º*.................... 3 liv.
Tableau des Sciences et des Arts en Angleterre,
   2 vol. *in 8º*........................ 3 liv.
Tableau de la situation des Anglois dans les Indes
Orientales, 1 vol. *in-8º*.................... 4 liv.
Lettre philosophique sur l'Histoire d'Angleterre, 2 vol.
   in-8º........................ 7 liv. 10 sous.
Plan de conduite pour les Députés de 1789,.....4 liv.
Lettre à Barnave, ... 1 liv. 4 sous.
Voyage en Amérique, 3 vol. *in-8º*.......... 13 liv.

P. S. On trouvera au bureau du cercle social, diverses brochures du même auteur, justement appellé *le patriote sans peur et sans reproche.* Il est doux de pouvoir offrir pour réponse à des calomniateurs et à une foule d'esprits médiocres, toujours vains, lâches et jaloux, les premiers pas d'une carrière qui commence, et déjà toute pleine de travaux et de dangers affrontés pour la patrie. Sous le régime des bonnes loix, où les propriétés sacrées du génie, ami de la liberté»

eussent été respectées , J. P. Brissot, devroit à ses travaux lit-
téraires une fortune *immense*. Des libraires anglois ont donné
souvent mille guinées pour un seul volume qui ne valoit pas
la lettre à Barnave ! Législateurs, vous n'oublierez pas sans
doute dans vos sages loix , tout ce qui peut encourager *l'agriculture* et *l'imprimerie*; ce sont là des arts utiles , dignes des
hommes libres , et des cités libres. (1)

Nous y donnerons tous nos soins, toutes nos veilles; et bientôt on ne verra plus réussir uniquement parmi nous ces *livriers*
méprisables, toujours nuls , toujours exclusifs , esclaves des
hommes *en réputation*, ennemis obscurs de tout ce qui n'est pas
la mode, et de quiconque n'a pas encore un *nom* célèbre, et qui se
targuent encore de leur patriotisme , lorsqu'ils menacent de livrer
à l'indigence , l'infortuné dont ils ont *affermé* la tête, s'il lui
échappoit quelques éloges qui pussent encourager un *journal* ou
un *ouvrage*, qui ne seroient pas *de leur fonds* ! Esprits bornés ,
qui ne savent pas que plus un peuple lit, plus il veut lire;
qu'un bon ouvrage en appelle plusieurs autres, que la circulation facile et prompte des lumières , fait la gloire des empires,
parce qu'elle assure leur bonheur; le bonheur particulier de tous
les citoyens, amis et frères. Si quelque infâme libraire , dégra-
dant , par son insensibilité, ces talens précieux et si rares, à
qui nous devons la liberté, dévoroit encore, par ses briganda-
ges , la subsistance du génie, et le génie lui-même, nous pro-
mettons de nous attacher à ses pas, d'invoquer contre lui les
vengeances nationales. Et il sera puni, eût-il des rois pour

____

(1) L'agriculture et ses progrés occupent également notre
maison de commerce; elle a fondé une association, pour distri-
buer dans les campagnes, à bas prix, les meilleurs ouvrages
d'agriculture; elle se chargera de toutes les correspondances
pour cette branche de librairie. L'un des associés, étant de la
société d'agriculture de Paris, nous facilite les moyens de suivre
avec succés cette partie. Quant à l'histoire naturelle , l'un de
nos associés, ayant pareillement écrit sur cette science, se trouve
en relation avec presque tous les naturalistes de l'Europe.
Ils ont le même avantage pour la médecine! Enfin c'est
toujours par des actions utiles, par d'excellens ouvrages qu'ils
annonceront leurs *nouveaux* projets qui dejoueront pour toujours
l'hypocrisie, le charlatanisme et la tyrannie.

protecteurs , fallût-il enfin renverser leurs trônes sur leurs têtes , pour leur apprendre à respecter les justes droits du plus foible des citoyens.

Inconvéniens du droit d'aînesse , par F. LANTHENAS , docteur médecin , un vol. *in-8°.* 2 liv. 10 s.

P. S. L'auteur de cet ouvrage est du petit nombre de ces hommes probes , dont la conduite s'accorde merveilleusement avec les principes , et qui a rendu à la révolution , par ses écrits , par son influence dans la société de amis de la constitution , de signalés services. Il a démontré dans son ouvrage , sur les inconvéniens du droit d'aînesse , que toute distinction entre les enfans d'une même famille , entraîne une foule de maux politiques , moraux et physiques. Malgré la raison et l'évidence , ces maux subsistent encore , mais leur destruction est proche. Les puinés des départemens méridionaux sont vivement intéressés à répandre l'ouvrage de F. Lanthenas.

De la Liberté indéfinie de la Presse , et de l'importance de ne soumettre la communication des pensées qu'à l'opinion publique , par le même. 15 sous.

P. S. Il seroit utile de faire traduire cet écrit patriotique , pour l'Italie et pour l'Espagne , où l'on voit presque autant de censeurs royaux et sacerdotaux , qu'il y en avoit l'an passé pour *la Gazette de France* — 18 censeurs !

Lamiral réfuté par lui-même , Par un ami desblancs et des noirs. 1 liv.

P. S. Le citoyen Lanthenas , ami des blancs et des noirs , a entrepris de venger l'Afrique et ses habitans , des calomnies que les colons et les marchands , intéressés à la traite , ont répandu contre eux. Cet ouvrage entre nécessairement dans la bibliothèque d'un ami des noirs.

Pauline , comédie en deux actes et en vers , représentée pour la première fois sur le théâtre de la nation. 1 liv.

P. S. Cette pièce , écrite par une amie de Jean-Jacques , est pleine d'intérêt , de fraîcheur et de ces traits gracieux et délicats qui vont au cœur , parce qu'ils en sortent.

Cette pièce assez mal jouée au théâtre de la nation, et dans un tems d'effervescence, n'y a pas eu tout le succès qu'elle mérite. Une imitation qu'on a donné, du même sujet, au théâtre des Italiens, y jouit actuellement d'un grand succès. Nous citerons quelques vers pour qu'on puisse juger de la philosophie et du style de l'auteur de *Pauline*.

> La nature, contraire à nos anciennes lois,
> Ne nous a pas prescrit de n'aimer qu'une fois :
> Elle mit dans nos cœurs l'amour et l'inconstance ;
> L'homme sut l'écouter ; mais il fit la défense
> A ce sexe charmant, objet de notre ardeur,
> De la laisser jamais approcher de son cœur ;
> Il voulut que soumise, au pouvoir d'un seul être,
> De son cœur, de ses sens, il fût l'unique maître.
> Quand l'amour à l'hymen a prêté son flambeau,
> Sa lumière s'éteint ; par un lieu nouveau,
> Il peut se rallumer : une loi juste et sage
> Vous donne enfin ce droit, il faut en faire usage :
> Le divorce . . . . .
> —— A ce point vous osez m'outrager,
> Je jure que mon cœur ne peut jamais changer.
> — Un serment, croyez-moi, toujours est téméraire
> L'homme, trop foible, hélas ! n'en devroit jamais faire.

Le Tribun du Peuple, publié avant la révolution, avec cette épigraphe de J. Jacques. " Malheur à vous si durant " cette lecture, votre cœur ne bénit pas cent fois l'homme " vertueux et ferme qui ose instruire ainsi les humains " un vol. *in-8°*. 3ᵉ. édit. . . . . . 3 liv.

Nouveau théâtre allemand, ou choix des pièces dramatiques qui ont eu le plus de succès sur les théâtres de l'Allemagne. 12 vol. *in-8°*. . . . . 48 liv.

P. S. Cet ouvrage a été entrepris par Friedel ; les dix derniers volumes sont traduits par N. Bonneville. La collection de cet ouvrage est extrêmement rare.

Les Jésuites chassés de la maçonnerie, et leur poignard brisé par les maçons. 1788. Par N. Bonneville, 2 vol. in8°. avec une gravure. . . . . . . 5 liv.

P. S. Cet ouvrage, publié avant la révolution et qui a déjoué de si noirs complots, offre encore aujourd'hui *une clef très-utile* pour savoir quels sont les secrets personnages qui font agir ces princes *illuminés*, jésuitisés, et les perfides *cordons-bleus* des ordres soi-disant maçoniques. — Dans la première partie, l'auteur compare la maçonnerie écossoise avec les trois professions et le secret des Templiers du quatorzième siècle. Dans la seconde partie, il démontre la *mêmeté* des quatre vœux de la compagnie de Saint-Ignace, et des quatre vœux de la maçonnerie de Saint-Jean. — La prétendue maçonnerie *égyptienne* de Cagliostro, instrument des Jésuites, se trouve déchiffrée dans cet ouvrage. Dans les notes et preuves on a inséré le catéchisme anglois de Samuël Prichard, extrêmement rare, et cependant copié sur la vingt-unième édition.

Presque au même instant où cet ouvrage, si persécuté, parut à Paris, Mirabeau traitoit le même sujet dans sa *monarchie prussienne* (titre religion). C'est dans Mirabeau lui - même qu'il faut voir ce qu'on doit penser de l'ordre des Jésuites ; encore existant sous le nom d'illuminés et de *soi-disant* franc-maçons écossois. On lit, édition in-4°., à la page 477, vol. quatrième : « Cet ouvrage, (*les Jésuites chassés de la maçonnerie* (qui fait beaucoup d'honneur aux connoissances, à la sagacité, et même au courage de M. de Bonneville, n'est pas, comme on pourra le croire, en France, un système. C'est un rapprochement très-complet et très-exact des principaux faits qui ont conduit, en Allemagne, à l'importante découverte sur laquelle nous appellons l'attention de tous les bons esprits et des vrais amis de l'humanité ».

Il reste un très-petit nombre d'exemplaires de cet ouvrage.

Die Jesuiten vertrieben aus der frey-maurerey und ihr Dolch zerbrochen durch die frey-maurer Leipzig , bey Georg. Joachim Geschen 1788. 2 vol. in-8°.   .   . 10 liv.

P. S. C'est la traduction de l'ouvrage de N. Bonneville, avec des notes, par un anonyme.

Histoire de l'Europe moderne, avec cette épigraphe : *Faciamus hominem ad imaginem et similitudinem nostram.* Par N. Bonneville. Première livraison , 2 vol. *in 8°.*   10 liv.

P. S. Les deux premiers volumes de cet ouvrage ont paru en 1789. Cette livraison contient l'histoire de notre Europe

Depuis l'irruption des peuples du Nord dans l'empire romain, jusqu'au 19 juin 1215 , où une partie de la nation angloise , confédérée , força le roi Jean à signer et à sceller la grande charte de sa constitution actuelle.

Ce n'a pas été sans peine que l'auteur, qui ne publioit pas cet ouvrage à son compte , parvint, sous le régime des censeurs , à répandre quelques exemplaires de son programme, quoique déjà biffé et raturé. Depuis bientôt trois ans , il n'a pu encore obtenir la liquidation de la banqueroute de son libraire. C'étoit jadis un des moyens accoutumés d'enchaîner la circulation d'un ouvrage, qui, sans cela eût été imprimé ailleurs. La justice, qui arrive tard, mais qui enfin arrive , rendant à l'auteur la propriété de son travail , le troisième volume , dont la moitié est imprimée, paroîtra incessamment.

Le compte que rendit alors C. Condorcet de cet ouvrage, suffisoit seul pour le faire proscrire, il donnera sans doute à l'auteur de nouveaux encouragemens pour en faire , selon ses intentions, un ouvrage destiné à la première éducation d'un peuple libre.

« Cette histoire (disoit Condorcet, 15 mai 1789) annonce dans l'auteur un zèle ardent pour le maintien des droits des hommes, un grand amour de l'humanité. On peut lui reprocher , *peut-être* , d'avoir cédé trop souvent à ses premiers mouvemens. Il a suivi pour guide, dans son travail , une histoire publiée en Angleterre , il y a quelques années , mais il a su s'écarter souvent de son guide , et puiser, dans les sources originales , des faits curieux , des détails instructifs qui avoient échappé à l'auteur anglois. Ainsi cet ouvrage ne doit pas être confondu dans la foule des compilations historiques , où les mêmes événemens ramènent avec eux les mêmes réflexions. L'auteur a choisi les faits qu'il a cru les plus propres à frapper l'ame des lecteurs , et sa manière de voir est à lui. »

De l'Esprit des Religions , ouvrage promis et nécessaire à la Confédération universelle des Amis de la Vérité , par N. Bonneville. Avec cette épigraphe : *Francs et frères , il s'agit de la liberté !* un vol. *in-8°.* , 14 juillet 1791. . 3 liv.

P. S. Les desseins de cet ouvrage , annoncé avant la révol lution , embrassent tous les siècles , tous les empires et tous les hommes (1).

Il ne reste pas au bureau du cercle social 12 exemplaires *de l'esprit des religions* ; cependant vu l'importance de l'ouvrage dont l'auteur n'a pas le tems de préparer une autre édition , avant d'avoir publié un autre ouvrage dont il s'occupe (DE LA CRÉATION SOCIALE), nous prendrons plaisir à transcrire ici le compte qui en a été rendu par Milscent-Mussé, créole, un des meilleurs esprits du siècle. Ce sera honorer deux hommes à la fois.

« Cet ouvrage original (*l'esprit des religions*) , écrit dans ce style pur, naïf , des anciennes écritures des premiers âges , force à penser, et à penser profondément, et à s'y intéresser d'une manière vive et réjouissante ; on n'en peut commencer la lecture sans s'y fixer ; on ne la quitte qu'à regret ; et , tel qu'un amant qui a le souvenir de sa maitresse chérie dans la pensée, quand il en est séparé, ou promène son inquiétude jusqu'à ce qu'on ait repris son livre de vérité. Ce doux sentiment qui est celui de la véritable amitié, et qui renaîtroit peut-être en li-sant *l'esprit des religions*, reprend plus de charme à la seconde lecture, et la troisième en rend la pensée inséparable. Oh ! quel est cet homme qui va ainsi au fond du cœur arracher la la nature, et la mettre fortement en action ; qui brise ainsi les fers des préjugés d'un souffle, pour mettre la raison en perspec-tive avec l'esprit ! On touche à la pensée, on la voit, on en sent la douce impulsion, et l'on palpe la douceur, la gran-deur, le bonheur de l'humanité. O peuples de la terre, lisez cet ouvrage, et vous serez bientôt tous liés *par une fraternité uni-verselle* ! »

(1). *Vide* une pétition adressée au corps législatif (octobre 1791) et renvoyée, par l'assemblée nationale, à son comité de législation, pour une loi à faire sur les SUCCESSIONS. Atha-nase Auger, auteur de cette pétition *importante*, qui chan-geroit la face du monde, assure que l'auteur de l'Esprit des religions a découvert le principe d'un perfectionnement social, naturel, *successif*, presque insensible, et qu'il a donné dans son ouvrage la solution d'un problème qui n'avoit pas même été ima-giné.

Ouvrages sous presse.

De la Constitution des Romains sous les rois et aux tems de la république , suivie de tous les discours de Cicéron , par Athanase Auger , 7 vol. in-8°.

Cet ouvrage sera d'une grande utilité à notre législature, et à tous les citoyens qui s'occupent avec elle de la formation d'un bon code de loix. Montesquieu est fort inexact dans ce qu'il a dit sur les Romains, ici tout sera vrai, tout sera dépouillé des alliages systématiques. — L'auteur n'avoit d'abord pensé qu'à une traduction complette de tous les discours de Cicéron, commencée avant sa traduction de Démosthène; les recherches que ce genre de travail lui ont rendu indispensables, l'ont conduit naturellement à examiner la constitution des Romains. Puisse le succès mérité, que recevra sans doute cet ouvrage, redonner de la vigueur et des consolations à un ami de l'humanité qui a consacré trente années de sa vie à cette grande et noble entreprise, dont la ruine du despotisme, qui eût voulu dévorer cet ouvrage, lui donne au moins la certitude qu'il n'a pas dépensé envain tant de nuits solitaires pour l'instruction de ses semblables ! (1)

Fictions morales , par l'Auteur du Tableau de Paris, 3 vol. in-8°.

Cet ouvrage, qui paroîtra dans les premiers jours de mars , ne peut pas mériter de plus bel éloge que son épigraphe :

La mère en prescrira la lecture à sa fille.

Nous reviendrons sur cet ouvrage de Mercier au moment où nous le mettrons en vente.

De la Conjuration contre les finances et des moyens d'en arrêter les effets. Par E. Clavière.

P. S. Cet ouvrage, dont on a inséré les premiers essais dans la Chronique de janvier, et dans celle de février, paroîtra incessamment. Jamais ouvrage plus important en matière de finance ne fut traité par une main plus habile : la partie diplomatique de cet ouvrage annonce par-tout le grand homme d'état, à la hauteur de notre révolution.

(1) Au moment où nous corrigeons l'épreuve de ces divers articles, tirés de la *Chronique du mois* (février), nous venons d'apprendre la mort D'ATHANASE AUGER; c'est une perte, une grande perte pour les Amis de la Liberté.

La République sans impôts, par L. Lavicomterie, auteur des crimes des Rois, etc. un vol. in-8°.

P. S. Cet ouvrage paroîtra au plus tard le Ier. avril, et sans doute aura le même succès que les deux derniers ouvrages du même auteur, imprimés et réimprimés; véritables ouvrages à l'ordre du jour.

Ouvrages périodiques.

Journal d'Histoire naturelle, par MM. Lamarck, Bruguière, Olivier, Pelletier et Hauy.

Cet ouvrage périodique est destiné à servir de dépôt pour toutes les découvertes que les Savans et les Voyageurs de tous les pays apportent dans la capitale. Les Auteurs s'attachent sur-tout à en connoître les applications aux arts utiles, chose jadis si négligée. Il en paroîtra, à compter du 1er Mars, deux livraisons par mois, chacune de deux feuilles et demie d'impression, format in-8°. avec deux planches en taille-douce. Prix de l'abonnement, 25 liv. pour Paris, 27 liv. pour les Départemens.

La Chronique du mois ou les cahiers patriotiques de E. Claviere, C. Condorcet, L. Mercier, M. E. Guadet, J. Oswald, N. Bonneville, J. Bidermann, A. Broussonet, A. Guy-Kersaint, J. P. Brissot, J. Ph. Garran de Coulon, J. Dussaulx, F. Lanthenas et Collot d'Herbois.

N. B. La *Chronique du mois*, que les savans d'Allemagne qui la traduisent appellent la chronique des quatorze, est un de ces ouvrages immortels enfantés par la liberté, et qui manquoit non-seulement à la France, mais à l'Europe et à tous les peuples dignes d'être libres; la plupart de ceux qui travaillent à ces cahiers patriotiques, à ces développemens sensibles et successifs *du systême libérateur qu'attend PARTOUT le genre humain*, ont mérité par des travaux sans nombre qui ont préparé, soutenu et consolidé la révolution, la confiance des bons citoyens; aussi, quoiqu'on se plaigne avec quelque raison de la multiplicité des ouvrages periodiques, a-t-on vu toutes les classes de citoyens accueillir avec tant d'empressement ces cahiers patriotiques, qu'on a déjà été obligé de les réimprimer.

Le prix de l'abonnement est de 15 liv. pour Paris, et 18 liv. franc de port jusqu'aux frontieres pour l'année, et de 8 liv. pour Paris, et 10 liv. pour les departemens, pour six mois.

A PARIS, de l'Imprimerie du CERCLE SOCIAL, rue du Théâtre-François, n° 4.